U »Feuerwanzen lügen nicht« im Unterricht

INHALTSANGABE

U.1

Stefanie Höfler erzählt die Geschichte von Nits und Mischa, die seit Jahren beste Freunde sind. Sie gehen in die gleiche Klasse des Gymnasiums und verbringen ihre Nachmittage gerne draußen am Ententeich, auf der Autobahnbrücke oder bei Nits zuhause. Schon immer sind sie sehr unterschiedliche Charaktere gewesen, Nits kann nicht stillsitzen, sich schwer konzentrieren und reimt gerne. Mischa sieht immer sehr gepflegt aus im weißen Hemd, mit gestylten Haaren. Er hat feste moralische Prinzipien und kann akademisch fast alles.

Als in der Schule der Schwimmunterricht losgehen soll, hat Mischa keine Badehose und verstrickt sich in Lügen, die Nits sich nicht erklären kann. Nach und nach findet Nits mehr über die Lebenswelt von Mischa und dessen Schwester Amy heraus, die sich sehr von der seiner eigenen bürgerlichen Familie unterscheidet.

Mischa lebt mit seinem alleinerziehenden Vater und seiner kleinen Schwester zusammen; die Mutter, von der immer gesagt wurde, dass sie einen Forschungsauftrag im Dschungel habe, hat in Wirklichkeit vor Jahren die Familie verlassen. Mischa hat durch einen Zufall herausgefunden, dass sein Vater die angeblichen Briefe der Mutter selbst schreibt und lauter kleine Dinge erfunden hat, die eigentlich überdeckende Lügen sind. So hat er den Kindern erzählt, dass das Geräusch des tropfenden Wasserhahns im Badezimmer Botschaften der Mutter übermittelt; die kleine Amy glaubt immer noch daran.

Die Familie ist in finanziellen Schwierigkeiten. Mischas Vater verschwindet plötzlich, da er sich in dubiose Geschäfte verstrickt hat und bedroht wird. Dadurch sind die Kinder auf sich gestellt. Mischa ist verzweifelt, er schämt sich für seine Lage und kümmert sich um seine Schwester. Nach Jahren der Freundschaft nimmt er Nits das erste Mal mit nach Hause. Nits ist geschockt, da er keine Ahnung hatte, dass sein Freund kaum etwas besitzt, die Wohnung fast keine Möbel enthält und neue Kleidung für Mischa und Amy keine Selbstverständlichkeit ist. Nits lernt die »Tafel« als karitative Einrichtung kennen und überdenkt viele seiner bisherigen Ansichten. Ihm wird klar, wie anders seine Lebenswelt ist: Bei ihm zuhause gibt es immer reichlich zu essen, seine Mutter ist indischer Herkunft und kocht entsprechend, sein älterer Bruder probiert eine Sportart nach der anderen aus und kauft sich immer die dazugehörige Ausrüstung.

Als ein Buch in der Schule bezahlt werden muss, ist Nits im Dilemma. Er weiß, dass Mischa das Geld nicht hat, und bietet ihm an, es für ihn zu bezahlen. Mischa wird ärgerlich und stürmt davon. Er geht in den Zoo, der ihn gedanklich mit seiner Mutter verbindet, und Nits folgt ihm. Dadurch werden für Nits noch mehr Lügen offensichtlich. Er fühlt sich betrogen, da sein Freund jahrelang so viel verheimlicht hat. Mischa dagegen schämt sich für seine Situation und möchte keine Mitleidszuschüsse seines Freundes.

Als dubiose Gestalten bei Mischa und Amy zuhause auftauchen, verstecken sich die Jungen und verstehen, warum der Vater untertauchen musste. Schließlich weihen sie Nits' Eltern ein, die Mischa und Amy aufnehmen und versuchen, die Situation zu lösen. Mischas Vater taucht schließlich wieder auf. Er hatte sich im Dönerkiosk versteckt. Die Kriminellen waren hinter ihm her, da er von einem Deal Geld abgezweigt hatte, um dringend benötigte Dinge für seine Kinder zu kaufen.

Am Ende löst sich die Situation, da die Erwachsenen mit Polizei und Jugendamt eine Regelung finden und die Familie zusammenbleiben darf.

In diesem kurzweiligen Jugendroman werden den Leserinnen und Lesern komplexe Themen, bei denen es kein einfaches Gut und Böse gibt, mit Feingefühl und auf altersgerechte Weise nähergebracht.

U.2 DIDAKTISCHES PROFIL DES ROMANS

Wie jeder andere Unterricht auch muss die Behandlung eines Jugendromans einerseits an die Lernvoraussetzungen der Schüler:innen anknüpfen und damit assimilative Aspekte bieten, andererseits auch zusätzliche Anforderungen an das Verstehen stellen. Das didaktische Potenzial des Romans als Unterrichtslektüre liegt damit in der Verknüpfung von vertrauten, assimilativen und eher neuen, akkommodativen Aspekten. * Vertraute Charakteristika des Textes sorgen dafür, dass die Schüler:innen von sich aus einen Zugang zum Text finden können und dass Anknüpfungsmöglichkeiten für eine eigene Textdeutung vorhanden sind (Assimilation). Dieser Aspekt betrifft das lesefördernde Potenzial. Neue, zusätzliche Anforderungen, die der Text an ein Verstehen der Schüler:innen stellt, betreffen eher den Bereich des literarischen Lernens. Im Überblick lässt sich das didaktische Profil von »Feuerwanzen lügen nicht« folgendermaßen darstellen:

* Vgl. Rank, Bernhard (2005): Leseförderung und literarisches Lernen. In: Lernchancen, 8. Jg., Heft 44, S. 4–9.

Dimension des Textes	Das Vertraute: Möglichkeit zur Assimilation (Leseförderung)	Das Neue: Notwendigkeit zur Akkommodation (literarisches Lernen)
Wirklichkeitsbezug	▶ Leben in der Stadt/Wohnung ▶ Familienkonstellationen (Familie mit zwei Kindern, alleinerziehender Vater) ▶ Schule/Freizeitaktivitäten	▶ Unterschiedliche Lebens- und Wohnkonzepte ▶ Äußerer Anschein versus versteckte Realitäten in der Familie ▶ Unterschiedliche finanzielle Positionen von Kindern und Familien, Einfluss auf ihren Alltag
Thematik	▶ Freundschaft ▶ Familie ▶ Armut	▶ Vernachlässigung ▶ Kommunikation ▶ Identität
Figuren	▶ Zwei Jungen als Hauptfiguren, Identifikationsmöglichkeit durch sehr unterschiedliche Charaktere ▶ Kleine Schwester und Nits' Mutter als weibliche Protagonisten ▶ Figur des Vaters von Mischa	▶ Weibliche Rollen reichen von fürsorglicher Mutter (Nits) zu abwesender Mutter, die keinen Kontakt zu ihren Kindern hat (Mischa), bis zur bedürftigen und doch freigeistigen Amy ▶ Vater als unzureichender Versorger der Familie, der sich aber bemüht und eine Fantasiewelt um die abwesende Mutter aufbaut, um seine Kinder zu schützen
Sprache/Stil	▶ Äußere und innere Handlung ▶ Spannungsbögen ▶ Dialoge in wörtlicher Rede	▶ Symbolik: sprachliche Bilder/Stilmittel ▶ Lyrische Elemente und Sprachwitz (Nits)
Literarische Formelemente/ Erzählkonzept	▶ Ich-Erzähler: ein der Hauptfigur gleichgeordneter Wissenshorizont des Erzählers ▶ Spannung	▶ Innerer Monolog Nits ▶ Nits' Gedichte als Kapiteleinstieg

Das Buch stellt eine gelungene Mischung aus Leseförderung und literarischem Lernen dar. Durch die an vielen Stellen humorvolle Art werden die Leser:innen zum Weiterlesen angeregt. Für viele von ihnen werden Kenntnisse über die Betreuung einer Familie durch das Jugendamt und die Nutzung der Angebote der »Tafel« eine Horizonterweiterung sein. Die Handlung bietet immer wieder kleinere Spannungsbögen. Der Einsatz des Buchs ist in allen Schularten der Sekundarstufe 1 denkbar, besonders bietet es sich für die Jahrgänge 6 und 7 an, da es hier viele Identifikationsmöglichkeiten bietet. Die Integration von fächerübergreifenden Aspekten empfiehlt sich, insbesondere im Bereich Ethik/Religion, Biologie, Musik und Medien.

LITERARISCHES PROFIL DES ROMANS

u.3

Themen und Motive

Themen des Romans sind: Armut, Familie, Freundschaft und Scham.

Im Mittelpunkt des Jugendromans steht der etwa zwölfjährige Nits, der nach seiner langjährigen **Freundschaft** mit Mischa erfährt, dass dessen Familie in **Armut** lebt. Aufgrund der finanziellen Situation der Familie ist Mischas Vater in teilweise zwielichtige Geschäfte verwickelt, wodurch er sich und seine Kinder in Gefahr bringt.

Nits möchte seinem Freund Mischa helfen, stößt dabei jedoch zunächst auf Widerstand. Mischa versucht schon lange, die **Familiensituation** durch sein vorbildliches Benehmen, Fürsorge für seine Schwester, gute schulische Leistungen und ein Lügengerüst zu verbergen – nicht nur vor Nits, sondern auch vor den Lehrer:innen und dem Jugendamt.

Mischa und Nits kommen aus sehr unterschiedlichen Verhältnissen. Mischa lebt mit seinem Vater und seiner Schwester in einer kleinen Wohnung in einem Mehrfamilienhaus, die nur über die nötigsten Einrichtungsgegenstände verfügt. Die **Armut** der Familie wird deutlich, als ihr das Geld fehlt, um Mischa eine Badehose für den Schwimmunterricht zu kaufen.

Nits' **Familie** lebt in einem gemütlichen Zuhause. Das Familienleben ist geprägt von gemeinsamen Gesprächen und Aktivitäten, während Mischa häufig Verantwortung für seine Schwester übernehmen muss, da der Vater oft tagelang unterwegs ist und die Mutter vor einigen Jahren die Familie verlassen hat. Nits, der schon seit vielen Jahren mit Mischa befreundet ist, erfährt von Mischas Situation erst im Verlauf der Geschichte, wodurch die **Freundschaft** der beiden Jungen vor große Herausforderungen gestellt wird. Mischas Unaufrichtigkeit seinem Freund und seiner gesamten Umwelt gegenüber resultiert aus einer großen **Scham**, die er wegen seiner familiären Situation empfindet.

Weitere Themen des Romans sind: Lügen, nonverbale Kommunikation sowie Vernachlässigung durch fehlende Kommunikation.

Die im Text dargestellten Realitätsausschnitte, Themen und Motive holen die kindlichen und/oder jugendlichen Leser:innen ab und regen zum Nachdenken an und dazu, mit offenen Augen durch die Welt zu gehen.

Figuren

Nityananda (Nits) Lemberg (Hauptfigur)
- Junge, ca. 12 Jahre alt
- wächst in einer fürsorglichen Familie auf
- bester Freund: Mischa Götze
- reimt gern
- immer in Bewegung

Andreas Lemberg (Vater der Hauptfigur)
- Ansprechpartner, zugewandt

Ajala Lemberg (Mutter der Hauptfigur)
- fürsorgliche Mutter, die sich auch Mischa und Amy gegenüber sehr hilfsbereit zeigt

Ole Lemberg (Bruder der Hauptfigur)
- sportlich
- unabhängig

Mischa Götze (bester Freund der Hauptfigur)
- ruhig, ernst, klug, bescheiden
- lebt mit seinem oft abwesenden Vater und seiner jüngeren Schwester zusammen in Armut
- übernimmt für seine Schwester große Verantwortung

Amy Götze (Mischas Schwester)
- Grundschulkind
- sportlich, klettert gerne überall
- naiv

M. Götze (Mischas Vater)
- häufig abwesend, jedoch liebender Vater

- äußerlich »cooler Typ«, wird von Nits und anderen bewundert, charmant
- hält seine Familie mit teilweise zwielichtigen Geschäften über Wasser
- erfindet Geschichten, um die Abwesenheit der Mutter seiner Kinder zu überdecken

Mischas Mutter (früher Herzig)
- verließ die Familie vor einigen Jahren, fühlte sich dem Familienleben nicht gewachsen
- hat Mischa einen Atlas geschenkt
- kein Kontakt zu ihren Kindern

Herr Bassler (Klassen- und Mathelehrer von Nits und Mischa)
- Respektsperson, aber fair

Aileen Heizmann (Kontaktperson beim Jugendamt)
- freundlich, gründlich, will das Beste für die Kinder

Frau Kauz (Chefin des Jugendamtes)

Gregor (Dönerverkäufer)
- hilft Mischas Vater
- scheint ein netter und sanfter Mensch zu sein
- macht viele Rechtschreibfehler

Udo, zwei Lederjackentypen
- zwielichtige, bedrohliche Geschäftspartner von Mischas Vater

Sophie (Klassenkameradin von Nits und Mischa)
- scheint sich mit dem Thema »Armut« und der »Tafel« auszukennen

Benno (Sophies Bruder, Verkäufer in der »Tafel«)

Felix, Liv, Lena, Leonie (weitere Klassenkamerad:innen von Nits und Mischa)

Meininger (Schwimmlehrer für alle Klassen)

Erzähltechnik

Im Roman gibt es einen Ich-Erzähler mit personalem Erzählverhalten aus der Sicht der Hauptfigur. Das Geschehen wird somit subjektiv aus Nits' Perspektive geschildert und die erzählte Welt mit seinen Emotionen und Beobachtungen für die Leser:innen als Innensicht dargestellt. Seine innere Entwicklung mit seinen Gedanken ist fast gleichgestellt mit der äußeren Handlung. Gefühle und Ansichten der anderen Figuren bleiben auf das beschränkt, was sie verbal äußern oder durch ihr Verhalten darlegen.

Im Fokus steht die Auseinandersetzung Nits' mit dem Schicksal seines besten Freundes Mischa, von dessen Armut und Vernachlässigung er ca. drei Wochen zuvor erfahren hat und wovon er in der Retrospektive berichtet. Das Alter der Hauptfiguren ermöglicht den Leser:innen die Identifikation mit ihnen und regt dadurch zur Reflexion an. Die enge Verbindung der beiden Jungen wird nicht zuletzt durch Rückblenden, z. B. ins Grundschulalter, verdeutlicht.

Sprachbilder und weitere Stilmittel

Stefanie Höfler nutzt zahlreiche sprachliche Bilder und weitere Stilmittel, die das Lesevergnügen erhöhen, die Vorstellungskraft unterstützen und die (teilweise) unausgesprochenen Gefühle der einzelnen Personen für die Leser:innen spürbar machen.

Vergleiche sind z. B.:
- »[...] dann drehte er mir seinen Rücken zu, gerade und unüberwindbar wie die Mauer, die Mexiko von den USA trennt.« (S. 108)
- »Wut und Reue mischten sich jetzt in meinem Magen wie zwei ungut miteinander reagierende Chemikalien [...]« (S. 108)
- »Die Worte tropften zäh und zögerlich aus Mischas Mund wie Honig, der nicht aufs Brot will.« (S. 114)
- »[...] das Sportzeug geht im Netz weg wie warme Semmeln.« (S. 154)
- »Jetzt ging es um Geschwindigkeit, als wir drei das Treppenhaus hinunterrasten wie von einer Giftspinne gebissen [...]« (S. 166)
- »Er sah so sehr nach Räuberhauptmann aus, dass es eigentlich zum Lachen gewesen wäre [...]« (S. 169)

Personifikationen sind z. B.:
- »Die beiden Lederjacken folgten Udo mit beunruhigtem Blick [...]« (S. 169)
- »Staubflocken tanzten im flirrenden Lichtstrahl, der sich vom Fenster ins Dunkel hineinstahl.« (S. 169)

Alliterationen sind z. B.:
- »Etwas schrammte, schliff und schabte [...]« (S. 165)
- »[...] mir fiel ein, dass Mischa mir mal erzählt hatte, dass Kellerasseln Kiemen am Körper haben [...]« (S. 168)
- »Und jetzt sah ich sein Gesicht, selbstbewusst und siegesgewiss, und schauderte.« (S. 169)

- »Kein Knibbeln, kein Knacken, kein Klopfen.« (S. 174)

Klimax:
- »[...] mit einer Mischung aus Verzweiflung, Wut und Angst« (S. 166)

Repetition:
- »Und da sah ich auf einmal, wie müde Mischa aussah. Müde vom So-tun-als-ob-alles-normal-Wäre. Müde vom Fassadewahren. Müde vom Schämen. Müde vom Lügen. Müde vom Warten [...]« (S. 173)

Sprachliche Bilder sind z. B.:
- »[...] um Mischas Vater von der falschen Bahn abzubringen [...]« (S. 158)
- »Seine Wangen färbten sich schlagartig feuerwanzenrot.« (S. 161)

Ein auffälliges sprachliches Bild ist das des kaputten Wasserhahns, der Morsezeichen von Mischas und Amys Mutter übermitteln soll – so die Erklärung ihres Vaters. Dieser kann als Symbol für die eingeschränkte Kommunikation zwischen dem Vater und seinen Kindern verstanden werden, nicht zuletzt, da er im letzten Kapitel, als sich alle auf ein »Reset« verständigen, repariert wird.

Gedichte

Den Kapiteln vorangestellt werden Gedichte, in denen meist ein Tier thematisiert wird. Diese markieren sprachlich die Verbindung der beiden, sehr unterschiedlichen, Hauptcharaktere: Nits, der sich darauf versteht, Reime zu bilden, und Mischa, der ein großes Interesse an Biologie, insbesondere an Tieren hat.

Symbole

»Die Erdbeeren waren das Einzige, was diese Küche mit der Küche gemeinsam hatte, die ich zwanzig Minuten zuvor verlassen hatte.« (S. 82)

Die Erdbeeren können als Symbol der unterschiedlichen Lebenswelten mit den jeweiligen Wertevorstellungen angesehen werden.

DEUTUNGSPERSPEKTIVEN

U.4

Der Roman »Feuerwanzen lügen nicht« beschäftigt sich mit den Themen »Armut«, »Freundschaft« und »Familie« und in diesem Zusammenhang mit Vernachlässigung, Kommunikation, Ängsten, Scham und Identität. Die Vielfalt der Themen zeigt bereits, dass der Roman ein breites Spektrum an Deutungsmöglichkeiten bietet.

Die Hauptfiguren des Romans sind zwei Kinder, die aus sehr unterschiedlichen Elternhäusern kommen und die eine langjährige, enge Freundschaft verbindet. Während es Nits an nichts mangelt – er genießt, ebenso wie sein Bruder Ole, ein harmonisches, fürsorgliches Familienleben mit Mutter und Vater in finanzieller Sicherheit –, muss Mischa schon als Kind große Verantwortung für sich und seine Schwester Amy übernehmen. Mischas Mutter hat vor einigen Jahren die Familie verlassen, sein Vater hält sich und die Kinder mit teilweise zwielichtigen Gelegenheitsjobs über Wasser und ist häufig tagelang abwesend. In dieser Zeit kümmert sich Mischa um seine Schwester. Obwohl Mischas Familie in Armut lebt, ist er entschlossen, dies vor seinem Umfeld zu verbergen – er vertröstet die Mitarbeiterin des Jugendamts, brilliert mit guten Leistungen in der Schule und achtet auf ein gepflegtes Äußeres. So schafft er es, nicht nur die Lehrer:innen zu täuschen, auch Nits ahnt lange Zeit nichts von den Sorgen, die sein bester Freund Tag für Tag mit sich herumträgt.

Mischa verstrickt sich in ein Lügennetz, um von der (finanziellen) Situation seiner Familie abzulenken. Nachdem Nits hinter Mischas Geheimnis gekommen ist, fällt es ihnen als Freunde zunächst sehr schwer, mit der neuen Situation umzugehen – Nits' Hilfsangebot, Mischa etwas von seinem Taschengeld abzugeben, wird von diesem als beleidigend empfunden, der gemeinsame Einkauf bei der »Tafel« erweist sich als unangenehm und Nits' Wut wegen Mischas Lügen nimmt zu, als er die wahre Geschichte über Mischas Mutter erfährt.

Dabei ist Mischa ein vertrauensvolles Verhältnis sehr wichtig. »Ich lüge jedenfalls nur im Notfall [...]. Wenn es gar nicht anders geht«, verkündet er im zweiten Kapitel. Er selbst leidet unter dem unaufrichtigen Verhältnis zu seinem Vater und darunter, dass er sich zum Lügen gedrängt fühlt.

Die Gegenüberstellung der Familien von Nits und Mischa, ebenso wie die detaillierten Beschreibungen der Wohnsituationen und der Beziehung zu den Eltern, macht deutlich, welche Vernachlässigung Amy und Mischa erfahren. Dies spiegelt sich auch in der Kommunikation wider. Während Nits' Mutter auch nonverbale Zeichen ihrer Söhne wahrnimmt, entsprechend reagiert und bei passender Gelegenheit das Gespräch aufnimmt, lebt Mischas Schwester Amy in dem Glauben, dass ihre Mutter im Urwald forscht und ihnen Morsezeichen über den Wasserhahn im Bad sendet. Dieser kaputte Wasserhahn stellt die ebenso kaputte Kommunikation innerhalb Mischas Familie dar und die Reparatur des Hahns am Ende des Buchs unterstützt das gewünschte »Reset«.

u.5 METHODENKISTE

Die folgende »Methodenkiste« ist als Ideensammlung zur Planung einer Unterrichtseinheit zum Jugendroman »Feuerwanzen lügen nicht« gedacht. Sie verbindet anzustrebende Kompetenzen im Deutschunterricht mit möglichen Textumgangsweisen in einem Unterricht zum Roman. Dabei beziehen wir uns auf die von der Kultusministerkonferenz (KMK) verabschiedeten »Bildungsstandards für das Fach Deutsch für den Mittleren Bildungsabschluss«, die die verbindliche Grundlage für alle in den Ländern zu entwickelnden Lehr- und Bildungspläne in der Sekundarstufe I darstellen.

In der rechten Spalte geben wir jeweils mögliche Beispiele für eine konkrete Umsetzung im Unterricht. Hier finden sich auch Verweise zu den Kopiervorlagen in diesem Heft. Zahlreiche methodische Möglichkeiten sprechen mehrere Bildungsstandards an. Wir haben uns zum Zwecke der Übersichtlichkeit jeweils für einen Bildungsstandard des Bereiches 3.3 (»Lesen – mit Texten und Medien umgehen«) entschieden. Häufig lassen sich auch evidente Bezüge zu den Bildungsstandards der anderen Bereiche herstellen.

Darüber hinaus stehen die vorgeschlagenen Methoden in Verbindung mit einem fächerübergreifenden Ansatz (v. a. mit Gemeinschaftskunde/Sozialkunde, Ethik oder Religion), den Sie je nach Klassensituation, Vorwissen und Interessen der Schüler:innen modifizieren können.

Bildungsstandards	Methoden	Beispiele
→ Verschiedene Lesetechniken beherrschen		
• Über grundlegende Lesefertigkeiten verfügen: flüssig, sinnbezogen, überfliegend, selektiv, navigierend lesen	• Ein Kapitel bzw. eine besonders wichtige, lustige oder spannende Stelle vorlesen	• Einbruch der Lederjackentypen (S. 164 ff.) • Nits' erster Besuch bei Mischa und Amy (S. 62 ff.)
	• Einen Textausschnitt mit verteilten Rollen lesen	• Mischa, Nits und Nits' Mutter überlegen, was sie tun können (S. 173 ff.) • Gefühlschaos → **k.9** • Drei Wünsche → **k.11**
	• Bestimmte Textinhalte auffinden	• Arbeit mit dem Zeilometer → **k.1** → **k.2, k.4, k.5, k.7, k.12**
	• Ein Kapitel oder einen Textabschnitt gestaltend vorlesen und aufnehmen	• Einbruch der Lederjackentypen (S. 164 ff.) • Nits' erster Besuch bei Mischa und Amy (S. 62 ff.) • Gefühlschaos → **k.9** • Drei Wünsche → **k.11**

Bildungsstandards	Methoden	Beispiele
→ Strategien zum Leseverstehen kennen und anwenden		
• Leseerwartungen und -erfahrungen bewusst nutzen	• Kennenlernen der Hauptfiguren	• Zwei Puzzleteile → k.2 • Lügen → k.3 • Weltkontrast → k.6
	• Cluster oder Mindmap mit Assoziationen erstellen (Impulse durch Titel, Umschlagbild, Klappentext, Autorin); damit einhergehend eine Leseerwartung aufbauen; Vorwissen aktivieren; ein Lesemotiv formulieren	• Zwei Puzzleteile → k.2 • Weltkontrast → k.6 • »Tafel« → k.8 • Freundschaft, Familie, Scham, Armut
	• Bezüge zur Lebenswirklichkeit herstellen	• Freundschaft → k.2, k.13 • Lügen → k.3 • Geld → k.6 • »Tafel« → k.8 • Reset → k.9, k.16 • Familie • Scham
• Verfahren zur Textstrukturierung kennen und selbstständig anwenden	• Wesentliche Textstellen kennzeichnen	• Lügen → k.3 • Der Urwalddoktor → k.5
	• Fragen aus dem Text ableiten	• Wo ist Mischas Mutter? • Was macht eine gute Familie aus?
	• Bezüge zwischen Textteilen herstellen	• Erdbeeren → k.7 • Mischas Gefühle → k.15
• Verfahren zur Textaufnahme kennen und nutzen	• Texte und Textabschnitte stichwortartig zusammenfassen	→ k.3–k.5, k.12, k.15
	• Eine wichtige Textstelle visualisieren	• Der Schlachtplan → k.12 • Mischas Gefühle → k.15
	• 5-Schritte-Lesemethode	• Jugendamt → k.14
	• Einen Lückentext bearbeiten	• Lügen → k.3
	• Aussagen erklären und konkretisieren	• Mischas Gefühle → k.15
→ Literarische Texte verstehen und nutzen		
• Ein Spektrum altersangemessener Werke – auch Jugendliteratur – bedeutender Autorinnen und Autoren kennen	• Leben und Werk der Autorin kennenlernen	• Podcast/Instagram/Website
	• Thematisch verwandte Jugendromane kennenlernen	• Susin Nielsen: »Adresse unbekannt« • Klaus Kordon: »Mein Freund Ringo« • Nasrin Siege: »Juma – Ein Straßenkind aus Tansania« • Anne Becker: »Die beste Bahn meines Lebens«
• Zentrale Inhalte erschließen	• Ein Unterrichtsgespräch zum Text anhand von Leitfragen führen	• Vernachlässigung, Armut, Scham • »Tafel« → k.8
	• Bezüge zwischen Textteilen herstellen • Einsatz anderer Medien / inhaltlich entsprechend orientierter Zusatztexte zur Erarbeitung der Romanthemen	• Zwei Puzzleteile → k.2 • Filme, Hörfunkbeiträge, Zeitschriftenartikel und Internetquellen zu den Themen des Romans
	• Eine Figurenkonstellation / ein Soziogramm erarbeiten	• Grafische Umsetzung von Informationen zur Figurenkonstellation → k.8 • »Tafel« → k.8 • Reset → k.16
	• Die Beziehung zwischen Figuren herausarbeiten	• Zwei Puzzleteile → k.2 • Gefühlschaos → k.9 • Fußbad → k.10 • Drei Wünsche → k.11 • Nits, Mischa und Bassler → k.13

Bildungsstandards	Methoden	Beispiele
• Zentrale Inhalte erschließen (Forts.)	• Handlungsräume analysieren, auch hinsichtlich der Symbolik	• Wohnungen → **k.6, k.7** • »Tafel« → **k.8**
	• Figuren charakterisieren	• Zwei Puzzleteile → **k.2** • Lügen → **k.3** • Gefühlschaos → **k.9** • Fußbad → **k.10** • Mischas Gefühle → **k.15** • Reset → **k.16**
• Wesentliche Fachbegriffe zur Erschließung von Literatur kennen und anwenden	• Erzählzeit und erzählte Zeit unterscheiden	• Wünsche → **k.11**
	• Die Erzählperspektive wechseln: eine Textstelle aus anderer Perspektive erzählen	• Weltkontrast → **k.6** • Gefühlschaos → **k.9**
	• Leerstellen des Romans füllen	• Fußbad → **k.10**
	• Einen inneren Monolog einer Figur verfassen	• Nits' erster Besuch bei Mischa und Amy
• Sprachliche Gestaltungsmittel in ihren Wirkungszusammenhängen und in ihrer historischen Bedingtheit erkennen, z. B. Wort-, Satz- und Gedankenfiguren, Bildsprache (Metaphern)	• Sprachliche Bilder / Metaphern und mögliche Symbole im Text erkennen und ihre Bedeutung verstehen	• Tiere → **k.4** • Erdbeeren → **k.7** • Drei Wünsche → **k.11**
• Eigene Deutungen des Textes entwickeln, am Text belegen und sich mit anderen darüber verständigen	• Eine Rezension zum Roman verfassen	• Reset → **k.16**
	• Den Spannungs- bzw. Stimmungsbogen des Romans / eines Kapitels grafisch darstellen	• Mischas Gefühle → **k.15**
• Analytische Methoden anwenden	• Den Inhalt eines Textabschnitts rekonstruieren und wiedergeben	• Lügen → **k.3** • Nits, Mischa und Bassler → **k.13** • Mischas Gefühle → **k.15**
	• Untersuchen, wie im Text Spannung erzeugt wird	• Drei Wünsche → **k.11**
	• Handlungsmotive einer Figur herausarbeiten	• Mischas Vater → **k.3** • Nits, Mischa und Bassler → **k.9, k.13** • Mischa → **k.8** • Lederjackentyp → **k.12** • Herr Bassler und Nits' Mutter → **k.14** • Mischas Gefühle → **k.15**
	• Textstellen interpretieren und mit eigenen Worten erklären	→ **k.7, k.8, k.10, k.12, k.15**
	• Den thematischen Hintergrund des Romans erhellen	• Familie → **k.13** • Armut → **k.6–k.8** • Freundschaft → **k.13** • Scham → **k.8**
	• Eine gemeinsame Reflexion der Lektüre durchführen	• In einem Abschlussgespräch Einschätzungen und Bewertungen austauschen → **k.16**
• Produktive Methoden anwenden	• Ein eigenes Lesetagebuch bzw. einen Leseordner zum Roman führen	• Individuelle Einträge • Eigenes Cover gestalten während bzw. nach der Lektüre
	• Einen Comic zeichnen	• Fußbad → **k.10**
	• Einen Steckbrief zu einer Figur/Person erstellen; eine Körperlandschaft gestalten	→ **k.2, k.5, k.10, k.16**
	• Einen fiktiven Dialog zwischen Romanfiguren verfassen	→ **k.10, k.11, k.13**
	• Gedanken und Gefühle der Figuren imaginieren	→ **k.2, k.5, k.7–k.12, k.15**

Bildungsstandards	Methoden	Beispiele
	• Den Roman weiterdenken und -schreiben	• Fußbad → **k.10** • Nits, Mischa und Bassler → **k.13** • Reset → **k.16**
	• Einen Brief einer Figur an eine andere Figur verfassen	• Der Urwalddoktor: Nits und Mischa → **k.5**
	• Zu einem Kapitel einen Tagebucheintrag verfassen	• Mischa nach Kapitel 7 • Nits nach Kapitel 8 • Nits' Mutter in Kapitel 18
	• Eine Handlungsempfehlung verfassen	• Der Urwalddoktor → **k.5** • Erdbeeren → **k.7**
	• Ein literarisches Rollenspiel, z. B. zu einer Szene, durchführen	→ **k.9**, **k.11**, **k.13**
	• Einen Handlungsort oder eine Szene malen, zeichnen oder nachbauen	• Mischas Wohnung → **k.6** • Nits' Küche → **k.7** • »Tafel« → **k.8** • Döner-Kiosk → **k.9**
	• Ein alternatives Titelbild erstellen	• Als Cover für das Lesetagebuch
	• Ein Plakat bzw. eine Collage zum Buch erstellen	• Mit Zeichnungen, Zeitschriftenausschnitten, Textzitaten etc.
	• Ein Hörspiel verfassen	• Einbruch der Lederjackentypen (S. 164 ff.) • Der Schlachtplan → **k.12**
	• Ein Gedicht verfassen	• Tiere → **k.4**
• Handlungen, Verhaltensweisen und Verhaltensmotive bewerten	• Sympathie/Antipathie für die Figuren thematisieren	→ **k.2**, **k.3**, **k.6**, **k.8–k.10**, **k.15**
	• Zu den Romanfiguren Stellung beziehen, ihr Verhalten und Handeln bewerten und kommentieren	→ **k.3**, **k.5**, **k.8–k.11**, **k.15**, **k.16**
→ Sach- und Gebrauchstexte verstehen und nutzen		
• Informationen zielgerichtet entnehmen, ordnen, vergleichen, prüfen und ergänzen	• Eine Collage erstellen	• Fußbad → **k.10** • Mischas Gefühle → **k.15**
→ Medien verstehen und nutzen		
• Informationsmöglichkeiten nutzen	• Internet- und Buchrecherche zu Themen des Romans	• Bedeutung von Namen → **k.2** • Feuerwanzen → **k.5** • Reinhold Messner → **k.5** • Was kostet ein Schulkind? → **k.6** • Rezept → **k.7** • »Tafel« → **k.8** • Karpfen → **k.10** • Jean-Jacques Rousseau → **k.16**
• Medien zur Präsentation und ästhetischen Produktion nutzen	• PowerPoint-Präsentationen erarbeiten, vorstellen und reflektieren	• Themen können z. B. die Figuren, Kinderarmut in Deutschland, die »Tafel« sein • »Tafel« → **k.8**

u.6

VORSCHLAG FÜR EINE UNTERRICHTSEINHEIT

Einstiegssequenz
(2 Unterrichtsstunden)

Klassengespräch zu Titel, Titelbild, Klappentext, Autorin, Vermutungen zum Inhalt und Erwartungen

Jede/r Schüler:in schreibt seine/ihre Vermutung auf ein Post-it oder ein Plakat. Am Ende der Einheit kann überprüft werden, ob sie sich erfüllt hat (wertungsfrei).

Lesephase

Die Schüler:innen lesen innerhalb einer vorgegebenen Zeitspanne den Roman. Hierbei kann je nach Lesekompetenz und -tempo auch variiert werden zwischen Leseformaten:
- Lesen in der Klasse mit sich abwechselnden Sprecher:innen
- Lehrer:innenvortrag
- Ungelenkte Lesephasen, in denen jede/r im individuellen Tempo liest
- Schüler:innen lesen einander in kleinen Gruppen oder mit Lesebuddys vor

Bei langsameren Leser:innen kann auch zu Hause oder mit den Eltern vorentlastet werden.

Themenorientierte Arbeit am Buch
(8–10 Unterrichtsstunden)

Die Schüler:innen bearbeiten die Aufgaben auf den Kopiervorlagen und setzen sich so mit unterschiedlichen thematischen Aspekten auseinander. Die Ergebnisse können in einem Lesetagebuch / einer Lesemappe gesammelt werden, zu dem bzw. der ein eigenes Cover entworfen wird.

Projektorientierte Sequenzen als offene Arbeitsphasen
(6–8 Unterrichtsstunden)

Unter von der Lehrkraft bestimmter oder je nach Interesse gewählter Schwerpunktsetzung können die Schüler:innen entweder allein, mit Partner:in oder in Gruppen arbeiten. Das Thema »Medienerziehung« kann durch die Erarbeitung der unterschiedlichen Einstellungen und Perspektiven im Unterricht dann z.B. als One-Shot-Movie umgesetzt werden. Dies fördert besonders eine intensive Auseinandersetzung mit dem Verhalten und den Charaktereigenschaften der Figuren.

Infoblätter

© Anna Meuer

ZUR AUTORIN

i.1

Stefanie Höfler, geboren 1978, studierte Germanistik, Anglistik und Skandinavistik in Freiburg und Dundee/Schottland. Sie ist Lehrerin und Theaterpädagogin und lebt mit ihrer Familie in einem kleinen Ort im Schwarzwald. Bei Beltz & Gelberg erschienen von ihr bereits die Romane »Mein Sommer mit Mucks«, »Tanz der Tiefseequalle« (ausgezeichnet mit dem LUCHS des Jahres), »Der große schwarze Vogel« und »Feuerwanzen lügen nicht«, die alle für den Deutschen Jugendliteraturpreis nominiert wurden, sowie das Kinderbuch »Helsin Apelsin« und (zusammen mit Claudia Weikert) die Bilderbücher »Waldtage« und »Die Eroberung der Villa Herbstgold«. Höflers Bücher wurden zahlreich nominiert und ausgezeichnet, darunter auch mit dem Leipziger Lesekompass, dem Kranichsteiner Jugendliteratur-Stipendium (»Der große schwarze Vogel«) und dem Stipendium zum Reinhold-Schneider-Preis 2020. »Feuerwanzen lügen nicht« erschien 2022 und wurde für den Deutschen Jugendliteraturpreis (Jugendjury) nominiert.

Podcast

https://www.faz.net/podcasts/f-a-z-buecher-podcast/podcast-stefanie-hoefler-ueber-feuerwanzen-luegen-nicht-18384011.html

INTERVIEW MIT STEFANIE HÖFLER: »WÜRDE IST EIN WICHTIGER ASPEKT BEIM THEMA ›ARMUT‹«

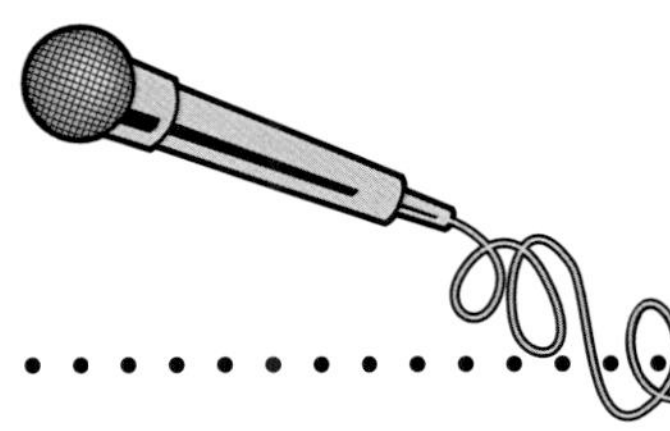

i.2

Stefanie Höfler über Armut, die Funktion von Literatur und ihre Figuren

Interessieren Sie sich auch für Tiere, so wie Mischa?

Ja, sehr, vor allem für verrückte Tatsachen bei Tieren, Rekorde, Witziges. Ist es nicht einfach wunderbar, solche Sachen zu wissen, wie dass ein neugeborenes Känguru nur zwei Zentimeter groß ist? Oder dass bei den Seepferdchen die Männer sich sozusagen um die Kindererziehung kümmern?

Nits' vollständiger Name ist sehr ungewöhnlich – warum haben Sie sich für diesen besonderen indischen Namen entschieden?

Ich hatte mal einen Freund mit einem ähnlichen Namen indischer Herkunft, und ich fand es damals faszinierend, dass ein Name eine solch exakte Bedeutung haben kann – zugleich habe ich mir damals schon überlegt, wie lustig es doch ist, wenn diese Bedeutung eben gar nicht zu dem Wesen des Menschen passt, der den Namen trägt. Vielleicht ist mir das deshalb wieder eingefallen, als ich mir darüber klargeworden bin, dass ich Nits indisch-deutsche Wurzeln geben wollte.

Reime und Lyrik sind heute in Kinder- und Jugendbüchern selten zu finden. Die »Wortmusik« gibt Nits eine Alleinstellung innerhalb seines sozialen Netzes. Was inspirierte Sie dazu, Nits reimen zu lassen?

Ich arbeite immer mit Sprache, also mit einer besonderen Art des Sprechens, meist bei der Hauptfigur bzw. in der Erzählerstimme. Ich weiß ehrlich gesagt nicht mehr, wann ich auf die Idee mit den Reimen gekommen bin, aber ab dem Zeitpunkt war Nits' Art zu erzählen gesetzt. Ich habe in der Zeit, in der ich den Roman geschrieben habe, dann übrigens auch angefangen, in Stabreimen zu denken.

Die Figur des Vaters ist eine besondere, da sie zum einen einen Erwachsenen darstellt, der mit vielem nicht zurechtkommt, zum anderen aber auch versucht, sich um seine Kinder zu kümmern und ihre Lebenswelt weniger schmerzhaft zu machen nach dem Weggang der Mutter. Warum hat er keinen Namen?

Lustig, das hat mich noch nie jemand gefragt. Ich glaube, er braucht keinen. Mischa nennt seinen Vater Dad, und das an sich ist ja schon etwas speziell. Vor allem aber ist dieser Dad so individuell mit seinem Aussehen, den tausend verrückten Dingen, die er kann, seiner Wahnsinnsstimme, da ist ein Name einfach überflüssig.

Amy scheint von all den Veränderungen und Nöten der Familie wenig beeinflusst zu sein – auch, weil Mischa sie lange vor der Wahrheit schützt. Hatten Sie erwogen, ihre Rolle anders zu gestalten?

Nein. Amy war von Anfang an Amy. Ich glaube, in jedem meiner Romane gibt es Figuren, die meinen Trotz-allem-Optimismus besonders verkörpern. Amy ist eine solche Figur.

Die Vertreterinnen des Jugendamtes werden zum Teil als gefürchtet, aber letztendlich auch als helfende und verständige Erwachsene dargestellt. Haben Sie ähnliche Erfahrungen im Rahmen Ihrer schulischen Tätigkeit mit diesen Institutionen gemacht?

Schon. Vor allem aber habe ich recherchiert, um mögliche Prozesse im Umgang dieser Institutionen z.B. mit Kindeswohlgefährdung zu verstehen.

Warum heißt das Buch »Feuerwanzen lügen nicht«?

Ehrliche Antwort? – Das wüsste ich auch gerne. Leider bestimmt in vielen Fällen nicht die Autorin den Titel ihres Buchs, sondern andere Menschen im Verlag, die sich Gedanken dazu machen, wer das Buch kaufen soll und welcher Titel diese Menschen dann wohl anspricht. In diesem Fall war es ein ziemlicher Kampf um den Titel. Diesen Kampf habe ich, anders als bei den meisten meiner anderen Bücher, verloren. Genaueres gebe ich hier nicht preis, aber mein Wunschtitel war wirklich sehr anders!

Ihre Bücher behandeln häufig Probleme, denen Kinder in unserer Gesellschaft ausgesetzt sein könnten: häusliche Gewalt, Kinderarmut ... Welche Funktion hat für Sie Literatur?

Lesen kann jeden Menschen aus dem eigenen Alltag wegzaubern und in andere Welten entführen. Außerdem kann Lesen unseren Blick schärfen für andere, für Situationen, in denen wir selbst (noch) nie waren oder nie sein werden – und mit dem Blick auch unser Verständnis, unser Mitdenken, unser Mitgefühl. Im vielleicht besten Fall passiert beides zugleich. Ich glaube, je mehr Menschen lesen und sich so in andere Welten oder auch nur andere Situationen begeben als die eigene, desto größer wird die Solidarität, die Verbundenheit zwischen Menschen.

Armut in Familien und Kinderarmut sind immer noch Tabuthemen in Deutschland. Auch Mischa versucht, seine Lage zu verdecken. Was würden Sie sich wünschen, um diese Themen mehr in den Mittelpunkt zu rücken?

Das ist eher eine politische Frage als eine literarische. Ich mache aber nicht Politik, ich schreibe Literatur. Ich glaube allerdings, in beiden Feldern des menschlichen Wirkens, Politik und Literatur, geht es ums Hinsehen und Wahrnehmen, um eine Offenheit gegenüber dem anderen – der sich womöglich in einer misslichen Situation befindet. Und dann womöglich um ein ermutigendes Einstehen für diesen Menschen – ohne seine Würde zu verletzen. Würde ist ein wichtiger Aspekt beim Thema »Armut«.

Das Thema in den Mittelpunkt zu rücken, ohne Menschen, die davon betroffen sind, zu beschämen, ist, glaube ich, sehr, sehr schwierig. Vielleicht ist es ja ein Anfang, wenn Menschen eine Geschichte darüber lesen und dann darüber ins Gespräch kommen?

Vielen Dank, Frau Höfler!

Interview: Anke Burdett und Melissa Pape (Januar 2024)

TABELLARISCHE KAPITELÜBERSICHT

i.3

Kap.	Seite	Inhalt
1	5–17	Kennenlernen der Protagonisten Nits und Mischa, Einblick in ihre langjährige Freundschaft. Die Geschichte wird aus der Sicht von Nits erzählt, der von vergangenen Ereignissen berichtet: Er selbst ist ein unruhiger Schüler. Sein Freund Mischa dagegen ist ein Musterschüler. In der Schule wird Schwimmunterricht angekündigt, was sich als eine Schlüsselstelle in der Freundschaft herausstellen wird, da Mischa Nits gesteht, dass seine Badehose Löcher hat. Mischas Vater und seine Schwester Amy werden vorgestellt. Der Dönerbudenbesitzer Gregor und der Lehrer, Herr Bassler, treten als Randfiguren auf.
2	18–30	Mischa weiß viel über Tiere und ist fasziniert von Studien über Paviane. Seine Mutter soll als Forscherin im Urwald leben, so begründet er sein Interesse. Er wird als sehr ehrlicher Mensch dargestellt. Umso erstaunter ist Nits, als Mischa dem Lehrer berichtet, eine Chlorallergie zu haben. Nits meint den wirklichen Grund der Lüge zu kennen. Sie holen Amy ab, die ähnlich motorisch unruhig wie Nits ist. Mischas Vater nimmt immer wieder Gelegenheitsarbeiten an, und bereits hier erwähnt Nits, dass diese vielleicht nicht immer legal sein könnten.
3	31–40	Als Mischa ein Attest vorlegt, das eine Chlor-Unverträglichkeit bestätigt, wundert sich Nits. Nachdem Mischa wieder den besten Englischtest zurückbekommen hat, gehen die Freunde zum Ententeich und sprechen über Tiere, zoologische Fragen und Mischas Mutter.
4	41–47	Nits findet durch Zufall heraus, dass es die Praxis, die angeblich Mischas Attest ausgestellt hat, gar nicht gibt. Er ist schockiert, dass Mischa ihn belogen hat.
5	48–61	Nits nimmt sich vor, Mischa zur Rede zu stellen, aber der hat morgens seine Schwester Amy dabei, die er zur Schule bringen muss. Nits fällt auf, wie wenig er eigentlich über seinen besten Freund weiß und wie viele Dinge er ihn fragen könnte. Zudem bemerkt er zum ersten Mal, wie abgetragen dessen Schuhe sind, wie kaputt sein Rucksack. Mischa wirkt anders als sonst. Am Nachmittag muss er Amy wieder abholen; sein Vater sei beruflich unterwegs, sagt er. Schließlich spricht Nits ihn doch auf das Attest und die Lüge an. Es stellt sich heraus, dass Mischa völlig durcheinander ist, da sein Vater nachts nicht nach Hause gekommen ist. Nits muss ihm versprechen, niemandem etwas davon zu erzählen. An diesem Tag geht Nits das erste Mal mit zu Mischa und Amy nach Hause.
6	62–71	Nits stellt fest, dass Mischas Familie kaum Möbel besitzt und die Räume fast leer sind. Ihm wird klar, wie unterschiedlich ihre Lebenssituationen sind, und er weiß zunächst nicht, wie er reagieren soll. Amy erklärt, dass die Geräusche des tropfenden Wasserhahns Morsezeichen von ihrer Mutter aus dem Urwald seien, das habe ihr Vater ihr erklärt. Nachdem sie die Mäuseluke angesehen haben, kommt der Vater nach Hause und bringt Amy Rollschuhe mit. Eine Frau Heizmann ruft an und spricht mit dem Vater, der bestätigt, dass er zuhause sei und sie jederzeit kommen könne.
7	72–80	Nits entdeckt neben all den Unterschieden auch Gemeinsamkeiten in ihren Lebenswelten. Mischas Vater macht Pommes und erzählt, dass sein Straßenreinigungsauto überfallen worden sei. Die Geschichte ist so übertrieben, dass nur Amy sie glaubt. Mischa gesteht, dass sein Vater das Attest geschrieben hat. Nits wird klar, dass Mischa eine Abneigung gegen Lügen hat, weil sein Vater immer wieder darauf zurückgreift.
8	81–91	Bei Nits' Rückkehr nach Hause fällt ihm noch stärker auf, wie anders sein Leben aussieht. Mit seiner Mutter spricht er über das Thema »Lügen und Unterschriftenfälschung«, und er erzählt ihr alles. Nits hat das Gefühl, dass er seinem Freund helfen sollte. Später geht er mit seinem Bruder Ole Döner essen.
9	92–106	Nits geht mit Mischa und Amy bei der »Tafel« einkaufen und lernt einen weiteren Teil der Welt seines Freundes kennen. Auf dem Rückweg treffen sie ihre Mitschülerin Sophie, was Mischa unangenehm ist. Nits werden, durch ein Gespräch mit seinem Vater angeregt, in den nächsten Tagen immer mehr Dinge deutlich, die ihn schon früher die finanzielle Situation von Mischas Familie hätten erkennen lassen können. Als Mischa in der Schule ein Buch nicht bezahlen kann und Nits ihm Geld anbietet, zieht sich Mischa von ihm zurück.
10	107–121	Es zeigt sich, dass Sophie aus der Klasse über Mischas Situation Bescheid weiß. Nits kämpft mit Mischas Ablehnung und es wird ihm klar, dass er ihm kein Geld hätte anbieten sollen. Er läuft seinem Freund bis in den Zoo hinterher, wo sie sich aussprechen: Mischa weiß nichts von seiner Mutter und hat seit Jahren keinen Kontakt zu ihr. Er wurde jahrelang von seinem Vater angelogen und hat die Lügen für Amy und seine Umgebung aufrechterhalten, nachdem er die Wahrheit herausgefunden hatte. Nits ist tief verletzt.

Kap.	Seite	Inhalt
11	122–127	Nits versucht, Mischa aus dem Weg zu gehen. Als sie sich beim Dönerladen treffen, hat Mischa neue Turnschuhe und entschuldigt sich bei Nits für die ganzen Lügen. Er gesteht, dass er sich vor der ganzen Welt schämt und sich anders und ausgegrenzt fühlt.
12	128–132	Mischa taucht mit einer neuen Jacke auf und behauptet, sein Vater habe nun einen festen Job bei der Stadt. Die Abenteuergeschichten glaubt er nicht mehr und er hat seinem Vater auch noch nicht verziehen. Bei Gregor essen sie einen Döner, dann gehen sie zum Ententeich. Dort beobachten sie, wie sich Mischas Dad mit einem verdächtig aussehenden Mann trifft.
13	133–138	Gerade als zwielichtige Gestalten auftauchen, sehen die Jungen auch Frau Heizmann. Mischa signalisiert, dass sie auf keinen Fall seinen Vater und die Männer bemerken dürfe, da es Konsequenzen für die Familie haben könnte. Nits tut alles, um die Sozialarbeiterin abzulenken. Die Jungen rennen schließlich hinter den Männern her, aber ohne Erfolg.
14	139–151	Beim Schuhkauf mit seiner Mutter am nächsten Tag fällt Nits erneut auf, wie sein Leben sich verändert hat. Abends ruft Mischa an, weil sein Vater wieder verschwunden ist. Amy sitze in der Mäuseluke, da sie einen der neuen Rollschuhe verloren habe. Im Hintergrund schwelt Mischas Angst, dass das Jugendamt jederzeit vorbeikommen könnte. Mischa beschließt, Amy die Wahrheit zu sagen, dass ihr Vater momentan, ihre Mutter aber schon lange fort ist. Sie versprechen einander, zusammenzuhalten. Da tauchen die beiden Männer aus dem Park an der Wohnung auf, die vermutlich auf der Suche nach Mischas Vater sind.
15	152–163	Als Nits nach Hause kommt, stellt seine Mutter ihn zur Rede. Er lenkt sie mit einem Gespräch über Mischas Eltern und das Verschwinden der Mutter ab. Sie erinnert sich, dass Mischa und Amy damals eine Weile bei Nits' Familie Mittag gegessen hatten; generell wurde ihre Hilfe aber abgelehnt. Bei Mischa zu Hause finden sie eine Nachricht von dessen Vater, dass er in der Klemme stecke, sie sich aber keine Sorgen machen und Döner essen sollten. In der Wohnung fehlen der Fernseher und der Atlas, der Mischa ungeheuer wichtig war. Da kommen zwei Männer in Lederjacken ins Haus.
16	164–177	Die Kinder verstecken sich, während die Männer die Wohnung aufbrechen. Sie verlassen diese schnell wieder und nehmen nur Amys Lesebuch mit. Die Kinder folgen ihnen in ihr »Headquarter«, wo sie auch den Kopf der Bande, Udo, sehen. Mischas Vater hat scheinbar ein krummes Ding mit ihnen gedreht und die Hälfte der Beute behalten, um dringend benötigte Dinge für seine Kinder kaufen zu können. Die Kinder gehen zu Nits nach Hause, wo sie auch übernachten. Die Probleme der Familie scheinen unlösbar.
17	178–192	Das Jugendamt taucht in der Schule auf und es stellt sich heraus, dass der Lehrer Bassler für Mischa lügt. Zuhause fangen die Jungen an, die von Ole aussortierten Sportsachen im Internet zu verkaufen. Amy läuft von der Schule aus zum »Headquarter« der Bande, da sie ihr Lesebuch zurückhaben möchte. Auf eine der Sportanzeigen meldet sich Bassler, der Nits in einer E-Mail zu einem Gespräch bestellt.
18	193–203	Nits' Mutter telefoniert mit dem Jugendamt und arrangiert, dass die Kinder erst einmal bei ihnen wohnen dürfen. Mischa bricht unter dem Druck zusammen. Am Morgen stellt Bassler sie wegen der Verkäufe zur Rede. Mischa gesteht, dass es zuhause schwierig ist und das Attest gefälscht war. Bassler trägt ihn als entschuldigt fürs Schwimmen ein und erweist sich als netter Mensch. Auf dem Heimweg fällt Nits auf, dass der Brief von Mischas Vater einen Hinweis enthält, und tatsächlich finden sie den Vater im Dönerkiosk bei Gregor.
19	204–214	Gemeinsam rekonstruieren sie, was passiert ist. Mischas Vater weint und sagt, dass er der Bande 1000 Euro schuldet für gestohlene Sportsachen, die er verkaufen sollte. Der Dönerspieß fängt an zu brennen, sodass sie schnell die Dönerbude verlassen müssen. Davor steht Frau Heizmann, die dem Dönerbudenbesitzer Gregor als Aileen bekannt ist. Mischas Vater verstrickt sich in Halbwahrheiten, bis Mischa gesteht, dass er und Amy momentan bei Nits wohnen. Gemeinsam mit Nits' Mutter erklären sie Frau Heizmann schließlich die Lage.
20	215–222	Nits und Mischa gestehen nun auch Ole, warum sie seine alten Sportsachen verkauft haben; dieser zeigt volles Verständnis. Am nächsten Morgen müssen alle bei der Polizei vorsprechen. Während sie auf eine Entscheidung des Jugendamtes warten, kommen Mischa und sein Vater ins Gespräch über seine Mutter. Der Vater sagt viele positive Dinge über sie und dass sie überfordert war, Verantwortung für ihre Kinder zu übernehmen. Mischa bittet ihn, nicht mehr zu lügen. Daher gesteht sein Vater ihm, dass er nie wieder etwas von der Mutter gehört hat.
21	223–232	Die Familie darf zusammenbleiben. Nits' Familie ist bei Mischa eingeladen. Nits' Vater versucht, den Wasserhahn zu reparieren. Als Frau Heizmann kommt, ist die Lage entspannt. Am Ende verspricht Mischas Vater indirekt, auf seine Kinder aufzupassen, und Mischa bekommt sein erhofftes »Reset«, mit dem alles neu beginnen soll.

Lesezeichen und Zeilometer

Dieses Lesezeichen hilft dir, einzelne Textstellen zu finden oder dich mit deinen Mitschülerinnen und Mitschülern über bestimmte Textstellen zu unterhalten: Lege dazu einfach das Zeilometer an den oberen Buchrand. Die Zahlen sind dann die jeweiligen Zeilen. Natürlich kannst du dein Zeilometer auch individuell gestalten.

Wie zwei perfekt passende Puzzleteile

Nits erzählt viel über sich, aber auch über seinen besten Freund, der ganz anders ist als er und über den er doch nicht so viel wusste, wie er eigentlich dachte …

1. Erinnere dich an einen Freund oder eine Freundin aus den ersten Schuljahren. Notiere in deinem Heft, was ihr gemeinsam erlebt habt. (Erweiterungsaufgabe: Notiere, was ihr heutzutage zusammen unternehmt, und beschreibe, wie sich eure Freundschaft in den letzten Jahren verändert hat.)

2. Arbeite mit einem Partner oder einer Partnerin zusammen. Notiert in der folgenden Tabelle alle Informationen, die ihr in Kapitel 1 über Nits und über Mischa erhaltet.

Merkmale	Partner A: Nits	Partner B: Mischa
Aussehen		
Fähigkeiten, Interessen	fantastische Vorstellungskraft, Reimen, Wortmusik	
Charakter, Verhalten		
Familie, Zuhause		
Sonstiges		behauptet, eine kaputte Badehose zu haben

3. »Viel später erst wurde mir klar, dass die ganze Mäusegeschichte sicher als Ablenkungsmanöver gedacht war. Mischa wollte nicht weiter über die fehlende Badehose reden.« (S. 16)

Stelle Vermutungen an, was es mit Mischas Badehose auf sich hat. Schreibe eine mögliche Erklärung in dein Heft.

4. Nits wurde nach einem indischen Guru benannt. Recherchiere im Internet, welche Bedeutung der Name Nityananda hat, und schreibe sie in dein Heft.

5. Recherchiere anschließend die Bedeutung deines eigenen Namens. Sammelt die Bedeutungen der Namen eurer Klasse auf einem Plakat.

6. * **Profiaufgabe:** Erstelle auf einem extra Blatt zu den Figuren Nits und Mischa jeweils eine Körperlandschaft und ergänze sie im Verlauf der weiteren Lektüre.

Methode

Körperlandschaft

Skizziere auf einem Blatt eine Figur (Strichmännchen genügt). Schreibe dann folgende Informationen um die Figur herum:

- oben: Name, Alter, Aussehen, Familienstand
- beim Mund: Sprechblase mit Äußerungen, Meinungen
- beim Kopf: Denkblase mit Gedanken, Wünschen
- beim Herz: Gefühle, Freunde, Feinde
- bei den Händen: Handeln, Aktivität
- bei den Füßen: Standpunkte, Prinzipien

»Ich lüge jedenfalls nur im Notfall«

Nits und Mischa diskutieren über das Lügen.

1. Finde die passenden Wörter und schreibe sie in die Lücken.

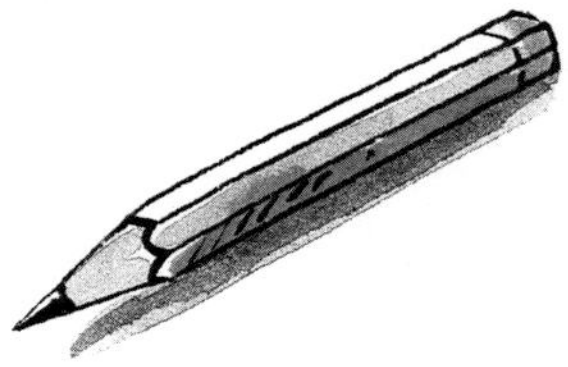

Nits meint, dass Menschen zum eigenen ____________________ lügen oder aus ____________________. Zudem lügen Menschen, um etwas zu erhalten, was sie sonst vermutlich nicht ____________________.

Mischa sagt, dass Menschen aus ____________________ lügen oder um sich vor etwas womöglich Schlimmem zu ____________________. Er sagt, er lüge nur im ____________________, wenn es absolut nicht ____________________ geht.

Wortspeicher: teil – ders – Not – zen – keit – Vor – an – fall – lich – men – kom – Ver – lung – quem – be – schüt – zweif – Be

2. Ergänze weitere Situationen, in denen Menschen lügen.

____

____

____

____

3. Lies die Seiten 20–21 und fasse die Szene mit Herrn Bassler und Mischa in deinem Heft in Stichpunkten zusammen.

4. * **Profiaufgabe:** »Lügen ist doch einfach nur träumen, wie es auch gewesen sein könnte«, sagt Mischas Vater immer (u. a. S. 80).

Überlege, wie Mischas Vater wohl zum Lügen steht. Schreibe deine Vermutungen in deinem Heft auf.

5. * **Profiaufgabe:** Stelle Vermutungen an, in welchen Situationen Mischas Vater lügen würde. Notiere sie in Stichpunkten in deinem Heft.

6. * **Profiaufgabe:** Begründe, wie du zu der Einstellung von Mischas Vater zu Lügen stehst. Schreibe deine Überlegungen in dein Heft.

Umgedreht sein ist fast so gut wie schweben!

Mischa und Nits unterhalten sich im Park über Tiere.

1. Über welche Tiere unterhalten sich die Jungen?

a) Trage die Namen der Tiere in deinem Heft in eine Tabelle ein.

b) Ergänze in der Tabelle, was du über sie in dem Gespräch erfährst.

c) Zeichne die Tiere in die Tabelle.

Tier	Informationen	Zeichnung

* d) **Profiaufgabe:** Lege eine weitere Tabelle in deinem Heft an. Finde selbst Informationen über die Tiere und schreibe sie hinein.

2. Jedes Kapitel des Buchs beginnt mit einem Gedicht über ein Tier.

a) Lege in deinem Heft eine Liste an, in der du die Tiere der einzelnen Kapitel sammelst.

b) Sieh dir die Gedichte auf den Seiten 139, 178 und 223 genauer an. Was fällt dir auf? Beschreibe die Auffälligkeiten der Gedichte in deinem Heft und nenne pro Gedicht mindestens ein Beispiel.

c) Wähle ein Tier aus und schreibe dazu ein Gedicht auf ein extra Blatt.

* d) **Profiaufgabe:** Erweiterungsmöglichkeit: Schreibe das Gedicht als Alliteration, also alle Wörter mit dem Anfangsbuchstaben des Tieres.

3. * **Profiaufgabe:** Stelle Vermutungen an, warum die Autorin jedem Kapitel ein Gedicht voranstellt. Schreibe deine Gedanken in dein Heft.

4. * **Profiaufgabe:** Wählt in Kleingruppen (2–3 Schülerinnen und Schüler) euer Lieblingsgedicht aus dem Buch aus und gestaltet es musikalisch.

Wendet dabei eure Kenntnisse aus dem Musikunterricht an und überlegt euch vorab:
- Welche Instrumente oder Klänge wären passend?
- Wie sollten die Dynamik (Lautstärke) und das Tempo gewählt werden?

Präsentiert euer Ergebnis vor der Klasse oder nehmt euer Ergebnis auf.

Tipp: Wählt nur wenige Instrumente aus und nutzt Wiederholungen.

Gnadenlos gelogen

Nits fährt mit seinem Bruder Ole zu einem Handball-Laden am Hölderlinplatz und macht eine Entdeckung …

1. Über Nits' Bruder Ole erfahren wir, dass er ca. zweimal im Jahr mit einer neuen Sportart anfängt und dafür immer eine neue Ausstattung braucht.

Notiere alle Sportarten, die Ole bereits ausprobiert hat. Erstelle eine Ausstattungsliste.

Sportarten	Benötigte Ausstattung

2. Machst du auch einen Sport? Notiere in deinem Heft, was du hierfür benötigst.

3. In Kapitel 5 fallen Nits immer mehr Dinge auf, die an Mischa plötzlich anders zu sein scheinen. Finde Antworten auf die folgenden Fragen. Schreibe jeweils die Seiten- und Zeilenzahl auf.

Frage	Antwort	Seite/Zeile
Welche Frage will Nits Mischa stellen?		
Was liegt auf dem Boden vor dem Kiosk?		
Was macht Amy genauso gern wie Mischa, obwohl sie es gerade erst gelernt hat?		
Warum muss Mischa seine Schwester von der Schule abholen?		
Auf S. 55 sagt Nits, dass sich etwas Wichtiges in seiner Beziehung zu Mischa verändert hat, das mit Lüge und Wahrheit zu tun hat. Was ist es?		
Was wollte Mischa beschützen, als sein Schnürsenkel riss und er hinfiel? Was meinst du, warum das so war? Schreibe deine Vermutung auf.		

4. * **Profiaufgabe:** Nits und Mischa unterhalten sich über die Feuerwanzen. Mischa vergleicht diese mit Reinhold Messner.

Recherchiere *entweder* zum Thema »Feuerwanzen« *oder* zu Reinhold Messner und erstelle jeweils einen Steckbrief.

5. * **Profiaufgabe:** Der Handball-Laden ist ganz in der Nähe der Hölderlinstraße, wo Mischas Urwalddoktor seine Praxis haben soll. Doch Nits erfährt, dass die Praxis nicht existiert. Wie würdest du an Nits' Stelle reagieren?

a) Schreibe eine Handlungsempfehlung in dein Heft.

b) Schreibe einen Brief aus der Sicht von Nits an Mischa in dein Heft.

Schnell erfasst: Welt-Kontrast!

Nits betritt zum ersten Mal Mischas Zuhause …

1. Nits verwendet viele Adjektive, um seine Beobachtungen und Gefühle beim Besuch von Mischas Wohnung genauer zu beschreiben. Finde sechs Adjektive und schreibe sie in deinem Heft in einer Tabelle mit ihren Steigerungen auf.

Positiv (Grundform)	Komparativ (1. Steigerung)	Superlativ (2. Steigerung)
verschrumpelt	verschrumpelter	am verschrumpeltsten

2. Auf den Seiten 65 und 66 wird Mischas und Amys Zimmer beschrieben. Was gehört wem? Zähle die Dinge auf, die den Kindern gehören. Schreibe sie in dein Heft.

3. Der Besuch in der Wohnung wird uns von einem Ich-Erzähler aus Nits' Perspektive geschildert. Doch wie würde die Geschichte lauten, wenn wir alles aus Mischas Perspektive erfahren würden? Schreibe Nits' ersten Besuch bei Mischa und Amy aus Mischas Perspektive (Ich-Erzähler) in dein Heft.

4. Mischas Familie hat eine Extrakasse. »Für solche Sachen wie Schulausflüge und Bücher und so.« (S. 76) Notiere in der Box alle Dinge, die aus der Extrakasse gezahlt werden müssen.

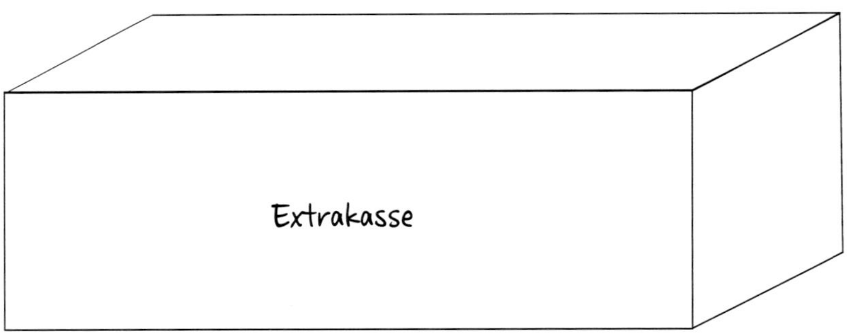

5. * **Profiaufgabe:** Stelle Vermutungen an, wie viel Geld pro Schulkind im Monat für Essen, Kleidung, Schulmaterialien usw. benötigt wird. Recherchiere anschließend im Internet und notiere in deinem Heft, was du herausgefunden hast. Vergleiche deine Ergebnisse anschließend mit zwei Mitschülerinnen oder Mitschülern.

6. * **Profiaufgabe:** Zeichne auf ein Blatt Papier Mischas und Amys Zimmer entweder als Aufsicht oder so, als wenn du darin stehen würdest.

7. * **Profiaufgabe:** Vergleiche in einer Tabelle Mischas und Amys Wohnung mit deinem Zuhause (Kriterien: Anzahl der Zimmer, Möbel, technische Geräte, Gegenstände). Markiere in deiner Spalte, auf was du verzichten könntest.

Unsere Küche ist doppelt so groß

Als Nits zuhause ist, fallen ihm noch mehr Unterschiede auf …

1. Zu Beginn von Kapitel 8 beschreibt Nits seine Küche genau. Ihm fällt dabei noch stärker auf, wie er lebt. Zeichne auf ein extra Blatt einen Teil der Küche so, wie Nits ihn beschreibt (Fensterseite oder die gegenüberliegende Wand).

2. In diesem Kapitel kommen mehrere schwierige Wörter vor. Schlage sie nach und schreibe die jeweilige Erklärung in dein Heft.

Für Neugierige: Aus welchen Sprachen leiten sich die Wörter ab?

das Attest | hypersensibel | hysterisch | die Marinade | der Echolot | zylinderförmig

3. Die Erdbeeren sind das Einzige, was es in beiden Haushalten gibt. Beide Schalen sind nicht mehr frisch, aber dennoch wird ganz unterschiedlich damit umgegangen. Damit sind sie ein Symbol für die Unterschiede. Stelle die beiden Situationen gegenüber, indem du eine Tabelle anlegst.

Mischas Familie (S. 78)	Nits' Familie (S. 82)	Vermutung, warum sie sich so verhalten

4. Auf Seite 84 heißt es: »Meine Mutter nickte zwiebelschneidend.« Was kann man noch gleichzeitig machen? Finde mindestens fünf Beispiele und schreibe sie in dein Heft.

5. Nits kämpft mit seinen Gefühlen und weiß nicht, wie er sich verhalten soll. Er möchte Mischa helfen, weiß aber nicht wie. Was würdest du ihm raten? Schreibe deine Idee in vollständigen Sätzen auf.

____

____

____

____

6. Finde ein Rezept für Chicken Tikka und schreibe es in dein Heft oder auf ein extra Blatt.

7. * **Profiaufgabe:** Sucht unterschiedliche indische Rezepte in Kochbüchern oder im Internet und erstellt damit ein Klassen-Kochbuch.

»Nein!«, sagte Mischa wie aus der Pistole geschossen

Nits geht mit Mischa einkaufen …

1. Mischa möchte zuerst nicht mit Nits einkaufen gehen, den Grund erfahren wir kurz danach. Er sagt es laut, man kann aber auch Anzeichen im Text finden. Schreibe hier mindestens drei auf:

____

____

____

2. Bei der »Tafel« scheinen sich die Leute zu kennen. Warum ist das so?

____

____

3. Beide Jungen fühlen sich nicht wohl in der Situation. Mischa schämt sich für seine Lage und erklärt es seinem Freund. Nits sagt, er fühle sich dumm. Lies auf S. 96 und 97 nach und schreibe die Gründe für die Gefühle der Jungen neben die Bilder.

Mischa

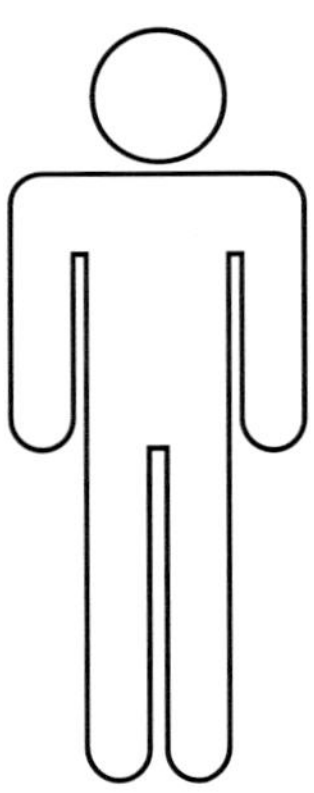

Nits

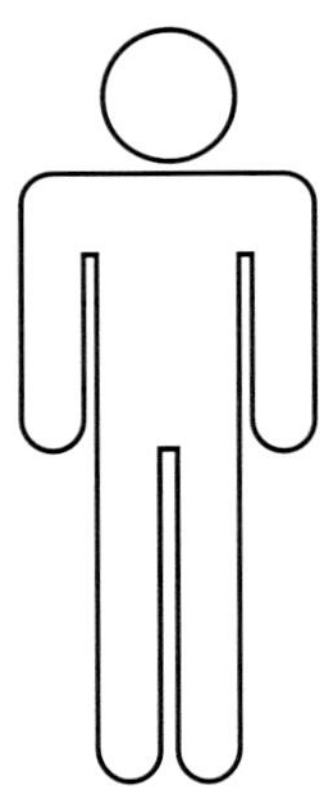

4. Auf S. 102 und 103 beschreibt Nits, dass ihm immer mehr Sachen auffallen, die auf Mischas Armut hinweisen, die ihm aber so vorher nie aufgefallen waren.

Zeichne den unten abgebildeten Graphen in dein Heft. Schreibe auf der x-Achse die Dinge auf und markiere auf der y-Achse, als wie wichtig du sie einschätzt.

5. * **Profiaufgabe:** Recherchiere im Internet: Gibt es in deinem Wohnort eine »Tafel«? Heißt sie genauso? Woher bekommt die »Tafel« ihre Spenden? Hat sie die gleichen Öffnungszeiten wie ein Supermarkt? Schreibe deine Ergebnisse in dein Heft.

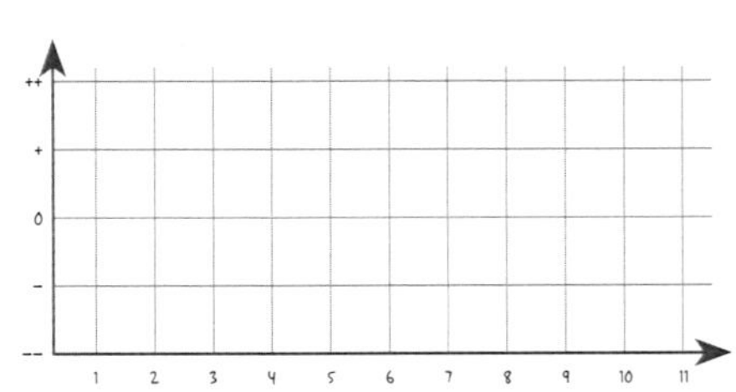

»Jetzt wart doch mal, Mann!«

Nits erfährt die Wahrheit über Mischas Mutter …

1. Auf Seite 107 und 108 gibt es viele Adjektive und Verben, die die angespannte Stimmung widerspiegeln. Schreibe sie in eine Tabelle.

Verben	Adjektive
erdulden	wortlos

2. In diesem Kapitel kämpft Nits mit vielen Gefühlen.

Zeichne einen Gefühlsgraphen in dein Heft (Stimmungen, Stärke). Markiere mit einem Kreuz, wie sich Nits fühlt. Schreibe jeweils die Textstelle dazu.

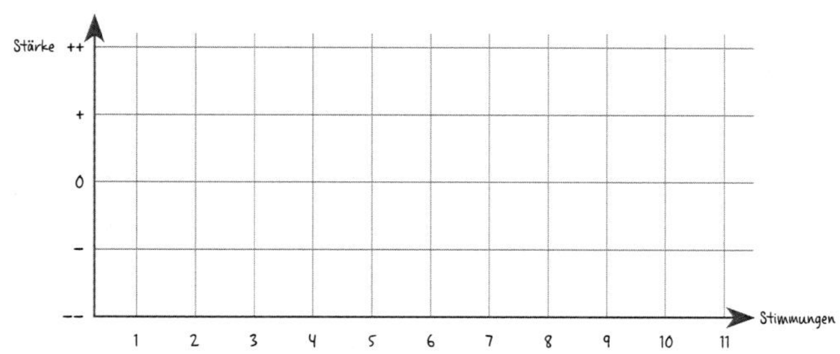

3. Versetzt euch in die Lage von Nits und Mischa und überlegt, wer sich wann wie fühlt. Spielt die folgenden Szenen in kleinen Gruppen nach. Besprecht anschließend, wie ihr euch in welcher Rolle gefühlt habt.

a) Bassler, Mischa, Nits, Sophie beim Bezahlen des Buchs

b) Nits und Mischa auf der Autobahnbrücke

c) Nits und Mischa im Zoo, als Nits ihm nachläuft

d) Die Unterhaltung über die Mutter

e) Das Gespräch der Jungen über das Thema »Lügen«

4. Für Kreative: Der Döner-Kiosk von Gregor ist in der Geschichte immer wieder ein Treffpunkt. Wie stellst du ihn dir vor? Zeichne den Kiosk und schreibe eine Werbetafel, die davor steht, auf ein Blatt Papier. Hängt eure Ergebnisse in der Klasse auf.

5. Mischa sagt auf Seite 125, dass er sich manchmal ein »Reset«, also einen Neustart bei null wünscht, weil ihm alles zu schwierig vorkommt. Gibt es etwas, bei dem du gerne ein »Reset« hättest?

Schreibe es auf einen Zettel und überlege dir zwei Dinge, die deine Lage verbessern könnten. Stecke den Zettel dann in einen Umschlag (oder bastele einen) und klebe ihn zu. Manchmal hilft es einem schon, wenn man etwas klar aufschreibt. Falls dich etwas wirklich bedrückt, sprich mit einem guten Freund oder einer guten Freundin, deiner Lehrkraft oder deinen Eltern/Erziehungsberechtigten oder gib ihnen den Zettel, damit sie wissen, wie du dich fühlst.

»Fußbad!«

Mischas Vater trifft sich mit einem verdächtig aussehenden Mann …

1. Auf Seite 129 sagt Nits, dass Mischas Vater super sei. Daraufhin entgegnet Mischa, er sei »superanstrengend und superspeziell«.

Wer ist worin besonders gut / schlecht / kompetent? Überlege, was du über die Figuren weißt. Ordne ihnen in deinem Heft Adjektive aus dem Wortspeicher zu und ergänze selbst noch weitere.

Mischa | Nits | Amy | Mischas Vater

Wortspeicher: superanstrengend • superschlau • superspeziell • supergut beim Reimen • super im Geschichtenausdenken • superloyal • superbalanciert • superkreativ bei Ausreden • supersportlich • superhibbelig • supergepflegt • superbehütet • superunabhängig • supernormal • superintelligent • supergenügsam • superorganisiert • superversorgt

2. Mischa trägt eine neue Jacke und neue Turnschuhe.

a) Notiere alles, was du über Mischas neue Sachen erfährst.

Jacke	Turnschuhe

b) Begründe in deinem Heft, warum Mischas neue Sachen Nits nicht gefallen.

3. Als die Jungen sich bei Gregor einen Döner geholt haben, gehen sie zum Ententeich. Dort unterhalten sie sich über die Fische und beobachten dabei Mischas Dad, der sich mit einem Mann trifft.

Wähle eine der Aufgaben aus:

A Zeichne einen Comic, der die verschiedenen Szenen dieses Kapitels darstellt (Unterhaltung über Mischas neue Sachen, Dönerkiosk, Ententeich, Mischas Vater). Hängt eure Comics in der Klasse als Bildergalerie auf.

B Was sagen Mischas Vater und der fremde Mann wohl zueinander? Schreibe die Unterhaltung in wörtlicher Rede auf.

C Recherchiere über Karpfen. Schreibe die Ergebnisse in dein Heft oder erstelle ein Plakat.

Du hast drei Wünsche

Mischa macht sich Sorgen und beschließt, Amy die Wahrheit zu sagen …

1. Nits spielt gerne mit Sprache, dafür verwendet er viele zusammengesetzte Namenwörter. Finde mindestens fünf Beispiele und schlüssele ihre Bedeutung auf. Schreibe in dein Heft.

Tausendfüßlerfüße: Tausend – füßler – füße = Füße von einem Tausendfüßler

Alarmbereitschaftsaugen: Alarm – bereitschafts – augen = Augen, die alarmiert sind, also wachsam

2. In Kapitel 13 durchlebt Mischa eine Achterbahn der Gefühle: die Sorge um seinen Vater, die Begegnung mit der Frau vom Jugendamt, Dankbarkeit für seinen Freund Nits, der versucht, Frau Heizmann abzulenken.

a) Spielt die Szene und besetzt die folgenden Rollen: Vater, zwei Ganoven, Frau Heizmann, Nits, Mischa.

b) Spielt die Szene ein- bis zweimal durch und erstellt dann zwei verschiedene Standbilder, in denen Mischas Gefühle deutlich werden.

* c) **Profiaufgabe:** Filmt eure Szenen als One-Shot-Movie. Die wichtigsten Kameraeinstellungen findet ihr auf der **k.13**.

3. Nits fallen viele Alliterationen ein (siehe Infokasten). Bilde Sätze mit Wörtern, die mit dem gleichen Anfangsbuchstaben beginnen, z. B. *Hunde haben heute helle …*

Schreibe die Sätze in dein Heft.

> **Info**
> Bei einer **Alliteration** fangen mehrere aufeinanderfolgende Wörter mit dem gleichen Laut an. Dieser kann aus Vokalen oder Konsonanten bestehen.

4. Auf Seite 146 steht auf Amys Bild mit der Fee: »Du hast drei Wünsche!«.

Du kennst die Figuren des Buchs ja nun schon recht gut. Was würde sich wer wünschen? Schreibe Wunschzettel für Amy, Mischa, Nits und dich.

Amy	Mischa	Nits	Du
•	•	•	•
•	•	•	•
•	•	•	•

5. * **Profiaufgabe:** Nits erzählt die Geschichte im Rückblick. Stelle die Erzählzeit der erzählten Zeit gegenüber. Lies im Buch nach und finde Hinweise darauf, über welchen Zeitraum sich die Geschichte erstreckt (erzählte Zeit). Schätze, wie lange man braucht, um das Buch zu lesen (Erzählzeit). Stelle dies in deinem Heft als Balkendiagramm dar.

»Machen wir den Schlachtplan«

In der Wohnung von Mischas Familie fehlen Dinge, und die Lederjackentypen kommen …

1. Das Haus, in dem Mischa und Amy wohnen, wird auf Seite 152/153 beschrieben. Zeichne es mit allen Bewohnern, die erwähnt werden, auf ein Blatt und hänge es in der Klasse auf. Vergleicht eure Ergebnisse.

2. »In diesem Moment fand ich mit einem Mal meine Eltern so liebenswert wie wahrscheinlich noch nie. […] So elternmäßig eben.« (S. 156)

a) Notiere Eigenschaften in deinem Heft, die Eltern »elternmäßig« machen.

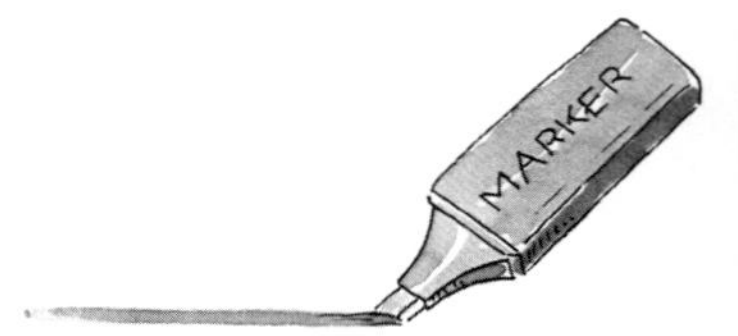

b) Lies erneut die Seiten 153–158. Arbeite die Eigenschaften von Nits' Eltern heraus, die sie »elternmäßig« machen. Markiere die Eigenschaften farbig in deiner Liste aus 2 a) und ergänze gegebenenfalls.

c) Bewerte, ob sich Mischas Vater »elternmäßig« verhält. Markiere die entsprechenden Eigenschaften in deiner Liste aus 2 a) in einer anderen Farbe. Schreibe kurz deine Meinung dazu auf.

3. Als die Kinder in Kapitel 15 in die Wohnung kommen, fehlen u. a. der Fernseher und Mischas Atlas.

a) Schreibe auf, was du über den Atlas erfährst.

b) Warum ist er Mischa so wichtig? Schreibe deine Vermutung auf.

4. Nits, Mischa und Amy geraten in Gefahr, als die beiden Lederjackentypen plötzlich in der Wohnung auftauchen.

a) Bildet 4er- oder 5er-Gruppen. Lest erneut die Seiten 164–171.

b) Gestaltet ein Hörbuch zu diesen Seiten. Geht folgendermaßen vor:
- Entscheidet als Gruppe, ob ihr euch die Seiten aufteilen oder in verteilten Rollen (Erzähler, Nits, Mischa, Amy, Lederjackentypen und Udo) lesen wollt.
- Markiert besonders spannende Stellen und überlegt euch, wann ihr Variationen in der Lautstärke und in der Tonhöhe sowie Pausen einsetzen wollt.
- Erweiterungsmöglichkeit: Vertont euer Hörbuch mit zur Verfügung stehenden Instrumenten oder Apps.

5. Der glatzköpfige Lederjackentyp stiehlt Amys Lesebuch aus der Wohnung. Stelle Vermutungen an, warum er das tut.

Schreibe so in dein Heft: *Ich vermute, dass …*

»Versprich mir, dass ihr vorher nichts unternehmt«

Mischa und Amy übernachten bei Nits. Obwohl Nits seiner Mutter versprochen hat, am nächsten Tag nichts zu unternehmen, kommt es anders …

1. Hattest du auch schon einmal einen Freund oder eine Freundin über Nacht zu Besuch? Berichte, wie der Abend ablief. Schreibe in dein Heft.

2. Nits schreibt alle Probleme, die zu lösen sind, auf ein Blatt. Überlegt in Gruppen, welche alternativen Lösungen es für die Probleme gibt, und schreibt eine neue Liste in eure Hefte.

3. Nutze die Notizzettel und erzähle nach, was an diesem Tag alles passiert.

Nits' Mutter bringt Amy zur Schule.	Herr Bassler lügt eine Frau an, die in der Schule aufgetaucht ist.	Nits und Mischa verkaufen Oles Sportsachen im Internet.	Amy ist verschwunden.	Mischa unterbricht das Mensch-ärgere-dich-nicht-Spiel.	Mischa und Nits erhalten eine Anfrage für die Kletterausrüstung.

4. Herr Bassler ist Nits und Mischa auf die Schliche gekommen und hat sie zu einem Gespräch bestellt.

a) Bildet 3er-Gruppen. Stellt Vermutungen an, wie das Gespräch mit Herrn Bassler verlaufen wird. Macht euch in euren Heften Notizen.

b) Schreibt das Gespräch zwischen Herrn Bassler, Nits und Mischa in eure Hefte. Übt es in verteilten Rollen. Präsentiert euer Ergebnis der Klasse.

* c) **Profiaufgabe:** Dreht die Szene als One-Shot-Movie.

Begriff	Erläuterung
Detail	• Nur ein einziges Detail einer Figur oder eines Gegenstandes wird gezeigt. • Die Aufmerksamkeit wird auf einen kleinen Bildausschnitt gelenkt.
Halbnah	• Nur der Oberkörper der Figur wird gezeigt. • Die Aufmerksamkeit wird auf die Figur und das engste räumliche Umfeld (z. B. Dialogpartner) gelenkt.
Amerikanische Einstellung	• Die Figur wird vom Kopf bis zur Hüfte gezeigt. • Aufmerksamkeit wird in Western vor allen Dingen auf den sichtbaren Revolvergürtel der Cowboys gelenkt.
Halbtotale	• Die Figuren werden vom Kopf bis weit über die Hüfte (oft bis zu den Füßen) gezeigt. • Die Aufmerksamkeit wird auf den gesamten Körper gelenkt.
Totale	• Die Figuren, häufig Figurengruppen, werden vollständig in ihrer Umgebung gezeigt. Kommt häufig in Dokumentationen zum Einsatz. • Die Aufmerksamkeit wird auf mehrere Figuren und deren Umfeld gelenkt.

»Ich habe vorhin mit dem Jugendamt telefoniert«

Mischas Familie wird vom Jugendamt betreut …

1. Lies den Text mit der 5-Schritte-Lesemethode.

Methode

5-Schritte-Lesemethode
Überfliegen des Textes → Hauptgedanken erfassen → Wichtige Details finden → Eine Zusammenfassung erstellen → Kritische Fragen stellen

Was ist das Jugendamt?

Das Jugendamt ist eine wichtige Einrichtung, die sich um das Wohl von Kindern und Jugendlichen kümmert. Es ist dafür da, ihnen zu helfen und sie zu schützen, wenn es Probleme oder Schwierigkeiten gibt.

Das Jugendamt unterstützt Kinder und Jugendliche in verschiedenen Bereichen ihres Lebens. Zum Beispiel kann es helfen, wenn es zu Problemen in der Familie kommt, etwa Gewalt oder Vernachlässigung. In solchen Fällen kann das Jugendamt eingreifen, um das Kind zu schützen und Unterstützung anzubieten.

Aber das Jugendamt hilft nicht nur bei Problemen in der Familie. Es kann auch bei Schwierigkeiten in der Schule helfen. Wenn ein Kind zum Beispiel Probleme beim Lernen hat oder gemobbt wird, kann das Jugendamt unterstützen und Lösungen anbieten. Das Jugendamt kann dabei helfen, eine geeignete Betreuungsperson oder Einrichtung zu finden, wenn die Eltern zum Beispiel nicht in der Lage sind, sich um das Kind zu kümmern.

Wenn jemand bemerkt, dass ein Kind in Gefahr ist oder Hilfe benötigt, kann er oder sie das Jugendamt verständigen. Das kann zum Beispiel eine Lehrerin, ein Nachbar oder ein Familienmitglied sein. Das Jugendamt wird dann prüfen, ob das Kind tatsächlich in Gefahr ist oder Hilfe benötigt, und Maßnahmen ergreifen, um es zu schützen und Unterstützung anzubieten.

2. Fasse den Sachtext über das Jugendamt in eigenen Worten schriftlich in deinem Heft zusammen.

3. Beantworte folgende Fragen mithilfe des Textes in Sätzen in deinem Heft.

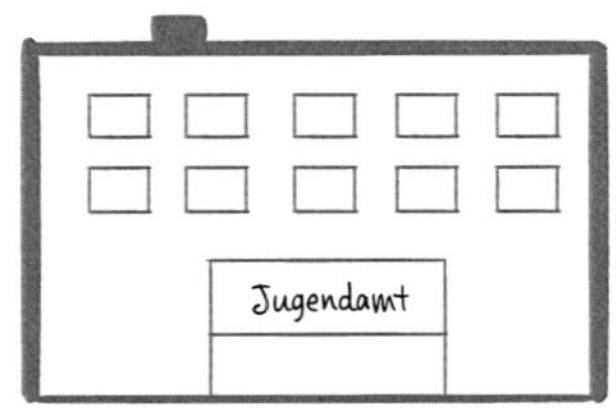

a) Was ist die Aufgabe des Jugendamtes?

b) In welchen Bereichen kann das Jugendamt helfen?

c) Wer kann das Jugendamt verständigen, wenn ein Kind in Gefahr ist oder Hilfe benötigt?

4. Mischas Vater, Mischa und Amy werden vom Jugendamt betreut. Erarbeite mithilfe des Sachtextes und deiner Kenntnisse aus dem Buch Gründe dafür und notiere diese in Stichpunkten in deinem Heft.

5. Herr Bassler lügt die Kontaktperson des Jugendamtes an und auch Nits' Mutter beschützt Mischas Familie vor dem Jugendamt.

a) Begründe, warum Herr Bassler und Nits' Mutter so handeln. Schreibe in Sätzen in dein Heft.

b) Bewerte die Verhaltensweisen der Erwachsenen. Schreibe in Sätzen in dein Heft.

Lügen fühlte sich an wie das Allerschlimmste

Mischas Lügen fliegen auf …

Wenn wir lügen, zeigt unser Körper einige Reaktionen – manche sichtbar, andere spürbar.

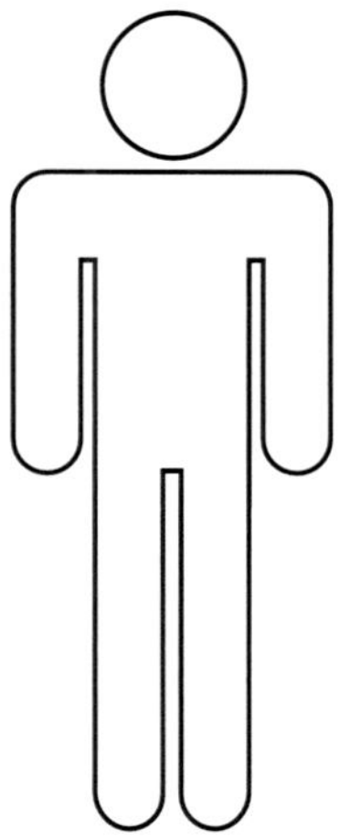

1. »Mischas Gesicht wurde rot wie eine Tomate.« (S. 215)
Welche Reaktionen zeigt unser Körper noch beim Lügen?
Kreuze alle Körperteile an, die beim Lügen eine Reaktion zeigen könnten.

2. Schreibe in dein Heft, welche Veränderungen der Körper dort zeigen könnte.

3. In den vergangenen Wochen war Mischa mehrfach gezwungen zu lügen.
Teilt die Klasse in zwei Gruppen (A und B).
Gruppe A: Lest die Textstellen, in denen Mischa gezwungen war zu lügen, und ergänzt die Tabelle. Übertragt sie dazu in eure Hefte.

Seiten	Lügen	Belogene Personen	Mischas körperliche Reaktionen
20–21	Mischa behauptet, er habe eine Chlorallergie, um nicht am Schwimmunterricht teilnehmen zu müssen.	Herr Bassler	Seine oberen Ohrenränder färben sich hellrot.
33–35			
39–40			
51–53			

Gruppe B: Lest die Textstellen, in denen Mischas Lügen auffliegen, und ergänzt die Tabelle. Übertragt sie dazu in eure Hefte.

Seiten	Zugegebene Lügen	Angesprochene Personen	Mischas körperliche Reaktionen
57–58	Mischa erzählt, sein Vater sei nachts nicht heimgekommen und gehe nicht an sein Handy.	Nits	Er schweigt sehr lang, man sieht die Angst in seinen Augen.
80			
113–116			

4. Bildet Gruppen mit je zwei Schülerinnen und Schülern aus Gruppe A und Gruppe B und tauscht euch über eure Ergebnisse aus.

»Reset! Alles auf Anfang!«

Mischas Vater verspricht, auf seine Kinder aufzupassen, und Mischa bekommt sein erhofftes »Reset« …

1. Lies erneut die Seiten 223 und 224. Notiere, was sich alles im Leben von Mischa und Amy verändert hat.

____

____

____

2. Auf den Seiten 227 und 228 erfahren wir, warum Sophie doch mehr über Mischa und Amy wusste. Erkläre es.

____

____

3. »Die Freiheit des Menschen liegt nicht darin, dass er tun kann, was er will, sondern dass er nicht tun muss, was er nicht tun will.« (Jean-Jacques Rousseau)

a) Erkläre das Zitat in deinem Heft mit eigenen Worten.

b) Gestalte einen Steckbrief zu Jean-Jacques Rousseau. Recherchiere dazu im Internet. Schreibe in dein Heft oder auf ein extra Blatt.

4. »Das größte Vergnügen im Leben besteht darin, das zu tun, von dem die Leute sagen, du könntest es nicht«, sagt Nits' Vater, als er in der Wohnung den Wasserhahn reparieren will.

Manchmal sehen wir eine Person anders, als sie sich vielleicht selbst sieht. Hierbei geht es auch darum, was man an anderen wertschätzt und was man sich oder anderen zutraut (Eigen- und Fremdwahrnehmung).

a) Suche dir eine Figur im Buch aus und schreibe in Stichpunkten auf, wie sie sich selbst sieht und was andere über sie denken.

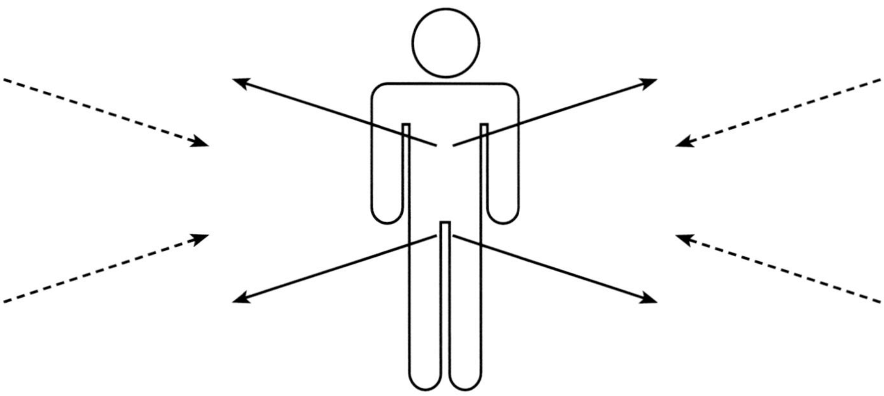

b) Wie siehst du dich? Was meinst du, was andere über dich denken. Zeichne einen ähnlichen Körperumriss in dein Heft und schreibe Stichwörter dazu. Wünsche und Ideen, was du dir für die Zukunft vornimmst, kannst du hinzufügen oder in eine Wolke danebenschreiben.

Lösungen und Lösungsvorschläge

K.2 2.

Merkmale	Partner A: Nits	Partner B: Mischa
Aussehen	• rabenschwarze Haare, immer auf 9 mm rasiert	• sieht lässig schlau aus, Stirn-Haarwelle, weißes Hemd mit hochgekrempelten Ärmeln
Fähigkeiten, Interessen	• fantastische Vorstellungskraft • Reimen, Wortmusik	• kann Menschen beruhigen, ist sehr klug, denkt logisch, liest gern • an allem interessiert, talentiert • liebt Mathe, Deutsch, Englisch, Musik, Sport und vor allem Biologie • Interesse für Tiere
Charakter, Verhalten	• hyperaktive Hibbeligkeit	• ruhig, ernst, Musterschüler, bescheiden
Familie, Zuhause	• hat ein schönes, geordnetes Zuhause • Vater • Mutter hat indische Wurzeln • älterer Bruder namens Ole	• wohnt in einem grauen Mietshaus • Mäuse hinter der Holzverkleidung im Flur • Vater sieht aus wie ein Rockstar • kleine Schwester Amy
Sonstiges	• vollständiger Name: Nityananda, nach einem indischen Guru	• behauptet, eine kaputte Badehose zu haben

K.3

1. Vorteil, Bequemlichkeit, bekommen, Verzweiflung, schützen, Notfall, anders
3. – Mischa spricht mit Lehrer Bassler
   – sagt, er könne nicht mitschwimmen wegen einer Chlorallergie
   – Nits wundert sich, dass er nichts davon wusste
   – Bassler fordert ein Attest
   – Mischa wirkt bedrückt
5. Mischas Vater würde lügen,
   – um andere zu schützen,
   – um etwas zu bekommen,
   – um für sich und andere die Welt besser erscheinen zu lassen,
   – um sein (manchmal nicht korrektes) Verhalten zu entschuldigen

K.4

1. Fische: Flossen
   Möwen: Ölschicht zum Schwimmen auf dem Wasser
   Stirnlappenbasilisk: Echsenart, kann über Wasser laufen
   Fledermäuse: einzige fliegende Säugetiere, orientieren sich mit Echolot
   Klammeraffen: haben einen Greifschwanz

K.8

1. Mischas Augen wurden granitgrau, hart.
   Mischa atmete zischend ein, sein Kinn zitterte.
   Mein unbedachtes Einkaufsangebot brachte Mischa irgendwie in Not.

K.9

1. **Verben:** erdulden, hinüberschielen, den Rücken zudrehen, sauer sein, sich entschuldigen, spüren, auffliegen, sich schämen, dämmern, rennen, verbergen
   Adjektive: wortlos, ausdruckslos, feindselig, wütend, ungut, peinlich

K.12

3. a) Atlas: Mischas Heiligtum; hat ihn schon, seit er denken kann; uralt; sehr schwer; edler, dunkelgrüner Ledereinband; goldene Schrift; enthält Karten und Fotos; Mischa bringt ihn manchmal mit zur Schule; wiegt drei Kilo

k.15 3. **Lügen**

Seiten	Lügen	Belogene Personen	Mischas körperliche Reaktionen
20–21	Mischa behauptet, er habe eine Chlorallergie, um nicht am Schwimmunterricht teilnehmen zu müssen.	Herr Bassler	Seine oberen Ohrenränder färben sich hellrot.
33–35	Mischa hat ein gefälschtes Attest, um nicht am Schwimmunterricht teilnehmen zu müssen, und erzählt, dass seine Mutter als Biologin im Urwald arbeite.	Nits, Klasse, Herr Meininger	Er quasselt ungebremst, erleuchtetes Gesicht.
39–40	Mischa erzählt, seine Mutter forsche derzeit an Klammeraffen.	Nits	Er zupft an seinen Hemdsärmeln.
51–53	Mischa behauptet, sein Vater sei schon früh zur Arbeit gegangen.	Amy, Lehrerin, Nits	Er ist beunruhigend ruhig.

Aufgeflogene Lügen

Seiten	Zugegebene Lügen	Angesprochene Personen	Mischas körperliche Reaktionen
57–58	Mischa erzählt, sein Vater sei nachts nicht heimgekommen und gehe nicht an sein Handy.	Nits	Er schweigt sehr lang, man sieht die Angst in seinen Augen.
80	Mischa erzählt, das Attest habe sein Vater geschrieben, weil die Extrakasse leer war und sie keine Badehose kaufen konnten, und der Urwalddoktor existiere nicht.	Nits	Er hat ein dunkles Funkeln in den Augen.
113–116	Mischa erzählt, seine Mutter heiße nicht Götze, sie arbeite nicht im Urwald, alles sei erfunden. Sie habe die Familie schon lange verlassen.	Nits	Die Worte kommen sehr zögerlich.

k.16 **2.** Sophies Bruder arbeitet bei der »Tafel« und kennt daher Amy und Mischa.